创新丝绸之路发展报告

推进"一带一路"建设工作领导小组办公室
中华人民共和国科学技术部

科学技术文献出版社
SCIENTIFIC AND TECHNICAL DOCUMENTATION PRESS

·北京·

图书在版编目（CIP）数据

创新丝绸之路发展报告 / 推进"一带一路"建设工作领导小组办公室，中华人民共和国科学技术部著. —北京：科学技术文献出版社，2023.11
ISBN 978-7-5235-0869-5

Ⅰ.①创… Ⅱ.①推… ②中… Ⅲ.①丝绸之路—研究报告 Ⅳ.① K928.6

中国国家版本馆 CIP 数据核字（2023）第 190096 号

创新丝绸之路发展报告

| 策划编辑：崔　静 | 责任编辑：韩　晶 | 责任校对：王瑞瑞 | 责任出版：张志平 |

出 版 者	科学技术文献出版社
地　　址	北京市复兴路15号　邮编 100038
编 务 部	（010）58882938，58882087（传真）
发 行 部	（010）58882868，58882870（传真）
邮 购 部	（010）58882873
官方网址	www.stdp.com.cn
发 行 者	科学技术文献出版社发行　全国各地新华书店经销
印 刷 者	北京厚诚则铭印刷科技有限公司
版　　次	2023 年 11 月第 1 版　2023 年 11 月第 1 次印刷
开　　本	787×1092　1/16
字　　数	30千
印　　张	4
书　　号	ISBN 978-7-5235-0869-5
定　　价	30.00元

版权所有　违法必究

购买本社图书，凡字迹不清、缺页、倒页、脱页者，本社发行部负责调换

目 录

前　　言 ·· 1

一、发展成效 ·· 5

（一）科技人文交流日益密切 ································ 5

　　1. 创新人才培育夯实合作基础 ························ 6

　　2. 国际科普交流播下科学种子 ························ 7

　　3. 科技智库交流贡献发展智慧 ························ 8

　　4. 科技助力文明互鉴和文化传承 ··················· 11

（二）创新合作载体不断完善 ································ 12

　　1. 共建联合实验室搭建研发合作网络 ··········· 13

　　2. 科技园区合作提升成果转化效能 ··············· 14

　　3. 国际技术转移践行科技惠民宗旨 ··············· 16

（三）产业创新合作蓬勃发展 ································ 18

　　1. 传统产业创新合作不断升级优化 ··············· 19

2. 新领域创新合作持续注入强劲动力 …………… 21

　　3. 科技支撑互联互通合作成效明显 ……………… 25

（四）开放创新生态加快构建 …………………………… 28

　　1. 发展愿景对接促进创新理念相通 ……………… 28

　　2. 推动技术规则标准合作 ………………………… 29

　　3. 创新合作环境建设不断完善 …………………… 31

二、发展启示 ………………………………………………… 33

（一）坚持共商共建共享原则是行稳致远的根本
　　　遵循 ……………………………………………… 33

　　1. 以平等互利为基础找到合作交汇点 …………… 33

　　2. 持续探索多种多样的创新合作方式 …………… 34

　　3. 积极推动科技创新成果的共享共用 …………… 34

（二）坚持开放绿色廉洁理念是务实惠民的坚实
　　　保障 ……………………………………………… 35

　　1. 强化科技发展规划和创新政策对接 …………… 35

　　2. 实施有利于创新要素流动的便利化举措 ……… 36

　　3. 营造适合各国广泛参与的开放创新生态 ……… 36

（三）坚持高标准惠民生可持续目标是高质量发展的
　　　共同愿景 ………………………………………… 37

  1. 坚持高标准建设，推动科技同经济的深度融合 … 37

  2. 秉持惠民生理念，满足各国人民美好生活需要 … 38

  3. 重视可持续发展，充分发挥合作伙伴互补优势 … 38

三、发展展望 …………………………………………………… 39

 （一）巩固和深化团结、平等、均衡、普惠的创新
   发展伙伴关系 ……………………………………… 40

  1. 凝聚促进发展国际共识，推动全球科技创新协作 … 40

  2. 推动科技创新成果更多更公平惠及各国人民 …… 40

  3. 包容互利共聚全球创新合力，共促发展繁荣 …… 41

 （二）共同培育更加强劲、绿色、健康的全球创新
   发展新动能 ………………………………………… 42

  1. 深挖创新增长潜力，推动创新全球化协同发展 … 42

  2. 以科技创新催生新发展动能，推动现代产业
   发展 ………………………………………………… 42

  3. 携手加快数字经济发展和绿色转型 ……………… 43

 （三）携手打造更加开放、公平、公正、非歧视的
   科技创新发展环境 ………………………………… 44

  1. 完善创新规则和制度环境，促进国际创新政策
   协调 ………………………………………………… 44

2.促进资源要素有序流动，汇聚全球健康发展

　　　　合力 ……………………………………………… 45

　　3.践行可持续发展理念，落实可持续发展议程 …… 45

大事记 ………………………………………………… 47

前　言

创新是引领发展的第一动力。2013年，中国国家主席习近平在哈萨克斯坦和印度尼西亚提出共建丝绸之路经济带和21世纪海上丝绸之路，即"一带一路"倡议，开启"一带一路"全面合作的崭新篇章。2017年，中国国家主席习近平在首届"一带一路"国际合作高峰论坛开幕式上提出，将"一带一路"建成创新之路，启动实施"一带一路"科技创新行动计划。经过多年的努力，创新丝绸之路建设逐步成为中国构建新发展格局和推动高水平对外开放的窗口，成为广受全球欢迎的国际公共产品和共享创新成果的国际合作平台，显著提升各国以创新推动共建"一带一路"的认同感和获得感。

10年来，创新丝绸之路以人类命运共同体理念为指引，始终坚持共商共建共享的原则，把创新人才交流作为重要根基，把创新平台建设作为重要载体，把创新产业发展作为重要方向，把创新环境构建作为重要支撑，以创新引领各领域发展和合作成为广泛共识，共建各国获得实实在在的好处。

10年来，创新丝绸之路以宽领域、全方位、多层次创新合作务实举措为动力，汇集各方智慧，助力各国共同应对全球发展难题。截至目前，中国已与80多个共建国家签署《政府间科技合作协定》，支持逾万名共建国家青年科学家来华开展短期科研工作和交流，累计培训共建国家技术和管理人员1.6万余人次，实施联合研究项目千余项，在农业、卫生、健康等领域共建创新合作载体逾百家，推进各国创新合作取得实打实、沉甸甸的成果。

实践表明，开放是各国交流互鉴的根本前提，创新是人类文明进步的动力源泉，合作是世界繁荣发展的必由之路。作为创新丝绸之路的基本支撑，科学技术从来没有像今天这样深刻影响着各国人民的前途命运，从来没有像今天这样深刻影响着各国人民的生活福祉，从来没有像今天这样成为全球创新发展和世界经济复苏的期盼所在。

2023年，中国国家主席习近平在第三届"一带一路"国际合作高峰论坛开幕式上提出，中方将继续实施"一带一路"科技创新行动计划，举办首届"一带一路"科技交流大会，未来5年把同各方共建的联合实验室扩大到 100 家，支持各国青年科学家来华短期工作。

展望未来，中国作为发展中国家大家庭中的一员，愿与共建国家持续推进创新丝绸之路建设，以开放纾发展之困、以开放汇合作之力、以开放聚创新之势、以开放谋共享之福，继续实施好"一带一路"科技创新行动计划，落实好第三届"一带一路"国际合作高峰论坛上提出的全球人工智能治理倡议，同各国加强交流和对话，共同促进全球人工智能健康有序安全发展，加快启动实施可持续发展技术、创新创业、空间信息科技、科技减贫等"一带一路"专项合作计划，与各共建国家共同提升创新发展动能，让创新成果惠及各国人民，携手朝着构建人类命运共同体方向勇毅前行！

一、发展成效

共建创新丝绸之路不断发展，带动各国科技交往日益密切，推动创新合作载体优化升级，为促进各国民生改善和经济社会可持续发展、推动构建开放合作与携手共进的良好创新生态发挥积极作用，丰富拓展了共建"一带一路"的深刻内涵和广阔空间，为共建"一带一路"高质量发展注入强大动力。2017年，中国国家主席习近平在首届"一带一路"国际合作高峰论坛上提出启动"一带一路"科技创新行动计划，实施科技人文交流、共建联合实验室、科技园区合作、技术转移4项行动，这既是中国主动推动创新丝绸之路建设的重点体现，也为创新合作指明了方向。

（一）科技人文交流日益密切

国之交在于民相亲，民相亲在于心相通。民心相通是创新丝绸之路建设的根基和关键。文明在交流中融合，在融合中进步。近年来，中国与共建"一带一路"国家开展了密切深入的科技人文交流，共同实施了形式多样的民心相通项目，共建创新丝绸之路民意基础不断夯实巩固。

1. 创新人才培育夯实合作基础

科技是第一生产力，人才是第一资源，创新是第一动力。在创新丝绸之路建设的进程中，中国积极支持共建国家培养创新人才，助力各国夯实创新发展基础。国际杰青计划、外国青年人才计划、外国青年学者研究基金项目，以及"一带一路"创新人才交流外国专家项目等，为来自共建"一带一路"国家的数千名科技创新人才提供了新的平台和机遇。依托各类先进适用的技术培训计划，中国在农业、食品、卫生健康、信息技术、节能减排、空间科技、能源科技和科技管理等领域广泛实施了研修研讨和培训项目，为共建国家培训了超过1.6万名各领域人才。

专栏：国际杰青计划成为"一带一路"科技人文交流品牌

为促进中国同共建"一带一路"国家的科技人文交流，搭建青年科技人文交流平台，促进务实国际科技合作，2013年，中国科技部启动实施了国际杰青计划，支持45岁以下的外国青年科学家来华开展为期6个月或12个月的工作交流。截至目前，国际杰青计划项目共吸引来自埃及、缅甸、匈牙利、古巴等40余个共建"一带一路"国家的优秀青年科学家700余人次，覆盖亚洲、非洲、中东欧及拉美等地区，涉及农业、生命科学、化学化工、环境等10余个学科领域。自实施以来，国际杰青计划着眼中外民心相通、文明互鉴、互利共赢的需求，为发展全球伙伴关系、构建人类命运共同体厚植科技根基，在助力形成新时代多元互动的科技人文交流大格局等方面取得丰硕成果。

中国科技部通过发展中国家技术培训班，将诸多领域的先进技术和理念带向"一带一路"，推动科技成果惠及各国人民。中国商务部以"科学技术、科学研究"为主题实施数十期培训项目，涵盖航天及卫星应用、海洋生物技术、工业机器人等多个领域，极大助力相关国家产业发展。中国水利部通过"一带一路"水利高层次人才培训项目和湄公河国家青年水利人才培训项目，为各国培养了大量的水利技术人才。中国科协设立30余家培训中心，积极推进与共建国家科技组织的深度交流和协同创新。"一带一路"国际科学组织联盟奖学金计划资助留学生来到中国攻读自然科学和专业技术类硕博学位。

2. 国际科普交流播下科学种子

科技创新、科学普及是实现创新发展的两翼。在创新丝绸之路的建设进程中，各方广泛参与国际科普交流。来自不同国家和国际组织的几十家成员单位，共同成立"一带一路"国际科学教育协调委员会，持续推动科学教育事业不断前进。"一带一路"虚拟科学中心汇聚上百套科技教育资源，助力科普交流形态向多元化发展。从米兰世博会中国馆的"农业物联网技术"到阿斯塔纳世博会中国馆的"小太阳核聚变"，中国的科技成果通过世博会展现给共建"一带一路"国家，迪拜世博会中国馆更是以"构建人类命运共同体——创新和机遇"为主题，展示了航天探索、信息技术、现代交通、人工智能、智慧生活等领域的创新合作成果，激发共建国家科技创新的热情。

依托"一带一路"科普交流平台，以科普机构和国际科技合作重大成果为素材的"一带一路"科普交流直播课堂走向千家万户。"一带一路"青少年创客营与教师研讨活动、中国—东盟青少年科技创新大赛等交流活动，让国际科普交流成为日常，线下参与交流活动的国家（地区、国际组织）规模由十几个扩展至几十个，线上参与师生达上千万人次。国际科普交流合作作为创新丝绸之路建设的基础性工程，迸发出勃勃生机。

3. 科技智库交流贡献发展智慧

智库是共建"一带一路"的重要力量。开展智库交流合作，有助于深化互信、凝聚共识，推动共建"一带一路"向更高水平迈进。中国与共建国家相关机构通过建立智库网络和联盟的方式，集合各方研究优势和智力资源，积极推动中外智库开展战略对话、合作研究和政策沟通，为完善"一带一路"科技合作机制、扩大国际科技交流合作、优化国际科研环境、营造开放创新生态、推进共建"一带一路"高质量发展提供了有益的启示和参考。

中国科学技术发展战略研究院承办的浦江创新论坛"一带一路"专题研讨会自2017年以来已举办7届，重点聚焦开放创新生态、全球低碳治理、数字技术发展、创新互信互动等议题，推动共建"一带一路"国家智库学者深入探讨科技创新合作政策与路径，为"一带一路"科技创新合作发展提供建议。截至目前，浦江创新论坛"一带一路"专题研讨会共邀请了来自20余个国家及国际科学理事会、全球智库网络、世界银行、经济合作与发展组织等国际组织的几十位国际专家作主旨演讲，并参与现场交流讨论。中关村论坛举行"一带一路"科技创新与民间合作平行论坛，邀请十余个国家近20个民间组织代表与来自中国的民间组织、智库和企业界代表就科技创新服务"一带一路"建设展开研讨。全球化智库（CCG）举办"一带一路"海外园区建设研讨会，就海外园区建设、企业"出海"等议题进行了多层次交流，助力科技园区合作和发展。科技智库相互交流成为创新丝绸之路上智慧交流碰撞的重要渠道。

> **专栏：携手共建国家共同建立"一带一路"科技智库联盟**
>
> 2020年10月，在中国科学技术发展战略研究院的倡议下，来自中国和若干共建国家的科技智库共同构筑紧密合作关系，启动建设"一带一路"科技创新智库合作网络。"一带一路"科技创新智库合作网络作为开放的科技创新智库交流、合作、共享平台，旨在汇聚共建"一带一路"国家科技创新智库的研究资源和创新智慧，促进科技创新资源、信息、人才和成果的共享交流，加强共建国家科技创新治理的合作研究，为实现共建国家科技合作互利共赢提供决策支撑。
>
> 为高效发挥智库智力支撑功能，共建共享中国—东盟信息港，促进数字互联互通、弥合数字发展鸿沟，面向东盟的数字经济合作相关智库联盟于2022年9月正式成立。该智库联盟主要是由中国与东盟国家具有数字经济及国际合作相关研究资源与业务网络的企事业单位、非政府组织，在自愿、平等、互利、合作的基础上，结成的跨界跨国、非营利性、联合性社会组织。该智库联盟通过发挥智库智力支撑功能，共同打造共商共建中国—东盟信息港的"智囊团"。

4. 科技助力文明互鉴和文化传承

一切文明成果都值得尊重，一切文明成果都要珍惜。中国携手共建国家持续推动自然和文化遗产等方面的深度研究和科学合作，积极推广中国历史文化遗产保护经验和文物修复技术，为文物承载共建国家灿烂文明、传承历史文化、维系民族精神贡献力量。

中国文化遗产研究院分别与柬埔寨在吴哥古迹周萨神庙、茶胶寺和王宫遗址开展保护修复项目合作，与尼泊尔开展加德满都杜巴广场九层神庙修复合作，与乌兹别克斯坦花剌子模州开展历史文化遗迹修复合作。北京故宫博物院和希腊研究与技术基金会通力合作，推进超高清三维扫描等文物保护技术与装备研发工作。中国丝绸博物馆牵头发起丝绸遗产时空分布现状和规律研究，构建跨地域、跨机构、跨语言的世界丝绸互动地图，实现多语种的丝绸遗产知识服务与可视化、系统化展示，得到来自各国数十个机构的积极响应。科技为传承守护人类文明提供助力，创新合作有力推动了共建"一带一路"国家文化遗产保护。

> **专栏：科技合作提升柬埔寨吴哥古迹茶胶寺文化遗产保护水平**
>
> 考古遗迹和历史文物是历史的见证，是前人留给我们的宝贵财富。中国文化遗产研究院担任援柬埔寨吴哥古迹茶胶寺保护与修复工程的设计单位和施工单位。茶胶寺是吴哥古迹中最为雄伟又具有鲜明特点的庙山建筑之一，采取集中高耸式布局。该寺建于10世纪末至11世纪初，历经几代国王主持修建，是一座未完成的建筑。茶胶寺的总范围约46 000平方米，主体建筑占地面积约13 100平方米，高度约43米，具有独特的历史、艺术和科学价值。中柬合作双方以建筑历史格局、形制、病害、残损状况、成因分析及稳定性评估、保护材料等深入调查研究为基础，实施过程强调最低限度干预原则，既保存了古迹的原形制、原结构、原材料和原工艺，又最大限度地保护了茶胶寺建筑的真实性与完整性。

（二）创新合作载体不断完善

创新合作平台是共建创新丝绸之路的重要载体。十年来，在共商共建共享原则下，中国与共建"一带一路"国家携手搭建了多层次、宽领域的国际科技合作平台，积极助力各国创新能力提升。

1. 共建联合实验室搭建研发合作网络

截至 2022 年末，中国启动建设了 50 余家"一带一路"联合实验室，支持中外科研机构和大学构建稳定的科研合作关系。联合实验室围绕各国经济社会发展和民生改善需求开展联合研究和技术示范，推动各国科技发展，也为应对各国共同挑战积极贡献力量。作为与共建"一带一路"国家科技创新合作的重要载体平台，"一带一路"联合实验室有效促进中外科学家开展科研合作，帮助各国培养科研人才，带动各国研究能力提升。

专栏："一带一路"联合实验室助力共建国家实现科技创新发展

中国－智利 ICT "一带一路"联合实验室，以"物联网传输平台＋智慧农业"为契机，在哈尔滨、康塞普西翁两个中心分别打造 ICT 集科技、国际交流及产业化为一体的平台化实验室，推动康塞普西翁大学率先部署 5G 网络。双方创新合作带动效应显著，在智利得到当地媒体和大众的广泛关注。

中国－肯尼亚作物分子生物学"一带一路"联合实验室，围绕水稻、小麦、玉米等粮食作物和蔬菜、花卉、果树等园艺作物，在优异资源收集、现代分子育种理论和技术创新与现代作物生产技术研发和示范等方向开展合作研究。联合实验室与莫桑比克万宝公司合作示范推广水稻新品种、栽培新技术，在非洲示范推广总面积达

3.6万亩，大幅提高了当地水稻产量。构建了多方联动的多样化人才培养机制，联合培养多名研究生；在非洲贝宁、肯尼亚举办水稻栽培、温室作物生产等技术培训。为肯尼亚及周边非洲国家创新能力建设提供了有力的帮助，增进了科技对共建国家民生福祉的贡献。

中国—巴基斯坦小型水电技术"一带一路"联合实验室，开展了小型水电技术国际合作。双方合作开展了基于小型水电的离网型多能互补发电技术联合研究，提升了巴基斯坦的小型水电及水电风光等多种可再生能源互补发电技术研究水平。中国小型水电技术为巴基斯坦及其他南亚地区解决无电人口用电问题提供支撑，为提高巴基斯坦农村地区电气化、改善无电山区人民的生产生活水平奠定基础。

中国科学院先后与非洲、中亚、南亚、东南亚、南美等地区相关国家科研机构合作建设了10个海外科教合作中心。这些中心聚焦地理与资源环境、生物多样性、空间天文等领域，紧密围绕当地重大民生问题和区域发展共性挑战，对培养人才、服务民生、成果转移和促进当地经济社会可持续发展发挥了积极作用。

2.科技园区合作提升成果转化效能

科技园区合作在承接创新项目落地、解决当地民众就业、带动东道国经济发展方面具有重要作用。中国积极分享科技园区建设模式，与各国交流园区管理经验。同时，中国持续加强科技园区发展政策沟通，支持园区规划研究合作，联合培养园区管理人才，与共建"一带一路"国家的科技园区合作迸发活力。

中国热带农业科学院与柬埔寨有关单位共同推动胡椒产业园建设，实现了胡椒的标准化产业示范，带动了柬埔寨及周边国家胡椒产业发展。西北农林科技大学参与共建的哈萨克斯坦农业科技示范园，采用产学研用一体化模式，围绕小麦、油菜等农作物品种选育与试验示范、农业新技术示范推广、农业人才培养与人文交流等方面开展合作，得到合作方赞誉。中国江苏科技大学和古巴—中国蚕桑科技合作中心合作在哈瓦那建立了蚕桑示范园区，开展蚕桑标准化、多元化开发，拓展蚕丝蛋白生物基材料的研发应用，使蚕丝蛋白基纳米材料在两国得以广泛应用，造福两国人民。

专栏：园区孵化器成为创新丝绸之路建设的重点工程之一

中国南非跨境孵化器在中国科技部火炬中心、中国驻南非大使馆和西安高新区的大力支持下，由西安联才工坊加速器与南非创新港孵化器合作建设。中国南非跨境孵化器以市场需求为导向，积极打造"服务平台+业务伙伴"的跨境孵化模式。一方面，通过引入各第三方合作机构对服务体系进行充实完善，为中南两国的出海企业提供包括市场调研、法律咨询、财税咨询、宣传推广、天使投资、渠道对接、落地深耕等综合跨境服务；另一方面，通过自营业务对跨境业务平台进行深入探索，帮助企业降低国际科技合作的风险和成本，提高后期落地成功率。

中工国际工程股份有限公司、哈尔滨投资集团有限责任公司与明斯克州政府、明斯克市政府、白俄罗斯地平线控股集团公司合作建设的中国—白俄罗斯工业园，位于白俄罗斯首都明斯克市郊，占地总面积为112.5平方公里。园区共引进投资项目数十个，合同投资金额逾10亿美元，高端制造、生物制药、科技研发等已成为园区重点发展产业。

3. 国际技术转移践行科技惠民宗旨

长期以来，中国高度关注共建国家的民生关切，向共建国家开展先进成熟技术的转移转化工作。截至目前，已支持建设面向东南亚、南亚、中东欧、非洲、拉丁美洲等区域的国际技术转移平台，大力推进中国先进适用技术与共建国家共享，服务共建国家交通设施等重大项目和工程，助力各国技术水平提升和产业发展，得到合作国家的高度赞扬。

中国有关科研机构向柬埔寨、老挝、缅甸等湄公河国家转移安全水保障技术，并进行具体实施示范，帮助当地民众解决饮水安全问题；向埃塞俄比亚转化自主研发的酶法明胶生产技术，不仅有效解决了环境污染问题，还为该国创造了就业；向东南亚国家推广稻渔综合种养技术，帮助当地建立稻渔示范渔场，取得了良好经济、社会和生态效益；向汤加、萨摩亚等国合作推广沼气技术和"猪—沼—菜"循环农业生产技术，支持农业生态循环和可持续生产。中国与共建国家的技术转移与示范平台已成为推动各国技术发展的关键载体，助力实现共建国家间持续通畅的技术对接和互学互鉴。

> **专栏："一带一路"技术转移中心持续助力共建国家技术交流与互鉴**
>
> 　　中国—东盟技术转移中心与若干东盟国家建立双边技术转移工作机制，覆盖中国与东盟国家技术转移协作网络成员数千家，举办面向东盟的大型科技创新与技术转移活动上百场，对接项目数千项，服务企业近万家，务实推动了现代农业、新能源、传统医药、食品加工、电子信息、化工等领域先进适用技术成果向东盟国家推广应用。中国—东盟技术转移中心连续承办11届中国—东盟技术转移与创新合作大会，有力促进了中国与东盟国家创新合作生态的发展。
>
> 　　中国—阿拉伯国家技术转移中心先后与阿盟、沙特、阿联酋、约旦、阿曼、埃及、摩洛哥、苏丹等国家相关机构共建了多个技术

转移海外双边中心，建成中阿技术转移综合服务信息系统，为中阿国际技术转移供需双方搭建数据推送、信息检索、对接服务平台；通过举办国际技术培训班，培养了一批从事国际国内科技交流合作与技术转移的专业人才。中阿技术转移与创新合作大会连续举办5届，促成中阿双方围绕共建技术转移双边中心、科技园区及开展联合研发等合作。通过大会平台，推动一批先进适用技术在阿拉伯国家转化，如宁夏大学绿色智能节水灌溉技术在卡塔尔世界杯赛场成功应用。

中非创新合作中心重点聚焦电子信息、医药卫生、农业生态、资源环境、清洁能源和空间技术领域，致力于构建中非技术转移协作网络、开拓中非创新科研合作渠道、提供中非产能合作科技支撑。中非创新合作中心陆续打造了"一会一坛一赛"三大标志性活动，即中非创新合作大会、中非创新合作与发展论坛、中非青年创新创业大赛。其中，首届中非青年创新创业大赛吸引了来自中非15国的青年在线上和线下"云"相会、"云"展示和"云"竞技。参赛的数十个项目涉及数字经济、节能环保、健康医疗3个领域。

（三）产业创新合作蓬勃发展

产业创新合作是创新丝绸之路建设的重要方向。在各方共同努力下，围绕传统产业、新领域、互联互通等方面涌现出一大批创新合作成果，促进共建国家的产业创新和经济增长，增进了民生福祉，助力社会繁荣进步。

1. 传统产业创新合作不断升级优化

创新赋能丝绸之路上传统产业，为农业、渔业、矿业等领域发展带来新突破，促进传统生产力的科技内涵不断增强。创新丝绸之路上农业合作项目的开展，有力促进了共建"一带一路"国家农业科技水平持续提升，带动农业生产方式转型。中国自主培育的橡胶树组培苗落户柬埔寨示范种植，有望使当地橡胶树的生长速度和产胶量提升 20% 左右。中国与共建国家相关机构携手合作，推动柬埔寨胡椒、缅甸草果、泰国香草兰、印度尼西亚油棕、老挝香蕉等产业技术示范基地建设，提升合作国标准化生产技术、水肥一体化技术、绿色防控技术水平。中国为吉尔吉斯斯坦、乍得等国实施农业灌溉系统改造项目，提供农用机械设备和物资，提升合作国农业生产效率。中国与共建国家的农业技术创新合作为共建国家应对粮食问题和经济作物发展需求提供有益支持。

> **专栏：菌草成为造福发展中国家人民的"幸福草"**
>
> 1997年，应巴布亚新几内亚东高地省政府邀请，中国专家组赴巴新深入调研，在东高地省鲁法区建立菌草技术示范点。目前，东高地省菌菇种植农户超过700户。此后，中国菌草技术陆续在巴布亚新几内亚、卢旺达、斐济等国开展种植示范。2001年，中国首个援外菌草技术示范基地在巴布亚新几内亚建成落地；2006年，中国与卢旺达开始菌草技术合作项目，举办菌草培训班，使农户掌握菌草种植技术，带动农户增收致富，为增进当地发展和人民福祉发挥重要作用。2023年3月22日，中国—太平洋岛国菌草技术示范中心在斐济建成，当地受益人群累计超过千余户，被誉为"岛国农业的新希望"。菌草技术是中国将减贫脱贫经验应用于全球可持续发展的成功实践，目前已在100多个国家和地区落地生根。

林渔业及相关产业成为中国与共建国家合作交流的热门领域。在植物保护、水产养殖技术、热带农业等领域，中国与老挝、缅甸、柬埔寨、越南、泰国等共建国家研究机构联合开展研究示范，共建科技合作平台，有效促进共建国家经济作物和水产等产业发展。中国与东盟国家创新主体合作开展适合东盟国家养殖的对虾工厂化养殖模式、池塘工程化、土池生态养殖模式研究，并面向东盟国家开展先进技术示范推广。中国面向缅甸、印尼、泰国、南非、埃及等多个共建国家，开展渔业人员技术培训、外派专家、联合技术示范项目等合作，帮助其加强渔业人力资源能力建设，促进海水养殖技术水平提升和现代海水养殖产业发展。

中国与共建国家科技合作成果有效提升传统采矿业安全性和高效性。中国与南非开展面向深度开采的融合通信技术联合研究，为中南两国的深部矿井提供安全可靠的服务，为井下工作人员提供精准的定位与报警服务，避免安全事故的发生，保障人身安全和采矿安全。中方机构还与南非研究院所开展深井矿山开采的本质安全设计、深部开采过程全自动地压监测预警、安全采选矿技术等联合研究，合作成果在多个采矿企业实现工业应用。

2. 新领域创新合作持续注入强劲动力

伴随创新丝绸之路建设，围绕高标准惠民生可持续发展目标，医疗卫生与食品安全、绿色经济与可持续发展、数字技术与数字经济是创新丝绸之路建设的重点领域，绿色、健康、数字领域创新合作成为激发世界经济稳定发展的新动力。

守护生命健康是人类社会共同的追求，也是共建国家人民的迫切需要。依托"一带一路"健康产业可持续发展合作机制，中国持续助力改善相关国家健康服务可及性和可负担性。中国与吉尔吉斯斯坦合作开展先天性心脏病筛查及治疗，建立基于云端的

"中-吉"先天性心脏病筛查及随访平台，并将该云端信息平台技术产品推广至周边国家。中国抗癌协会成立"一带一路"国际肿瘤专业人员培训平台，与来自不同国家的多个癌症组织建立合作关系。中方有关机构以药用植物为研究对象，与塞尔维亚合作建立新药研发标准化平台，为基于活性天然产物的创新药物研发提供重要科学线索。中国科学院中斯联合科教中心水技术分中心围绕斯里兰卡不明原因慢性肾病（CKDu）追因和饮用水安全保障与斯方开展全面合作。中国与柬埔寨、老挝、缅甸等国家针对农村供水设施严重短缺、工程性缺水和水质性缺水问题并存现状，为改善当地居民安全饮水状况提供技术支撑。

专栏：中国移动诊所支持塞拉利昂医疗卫生事业发展

在塞拉利昂总统比奥的见证下，由中国国药集团实施、中国政府向塞拉利昂捐赠了4个移动医疗车。移动医疗车配有血常规、尿常规、生物化学检测仪器，以及血压计、心电图仪、耳鼻喉检测设备等，能满足当地百姓常见疾病的检查及常规急救的要求，有助于增强塞对当地民众疾病的救治能力。塞方诚挚感谢中方捐赠移动医疗车，认为中方的捐助将为塞资源受限地区人民带去创新性优质医疗服务，助力塞政府实施国家卫生健康和人力资源发展规划，改善民生福祉。

创新合作为共建国家绿色产业发展和环境保护提供强大技术支持。中国与共建国家不断强化绿色创新合作共识，与30余个共建国家共同发起"一带一路"绿色发展伙伴关系倡议，共同建立"一带一路"能源合作伙伴关系，与来自40余个共建国家的合作伙伴共同发起成立"一带一路"绿色发展国际联盟。中国面向南亚、非洲、东南亚及中东欧地区，与合作伙伴共同推进小水电技术、清洁能源开发、农村电气化发展等合作。中国积极实施应对气候变化南南合作计划，自2013年以来已与30余个共建国家实施应对气候变化南南合作项目，通过合作建设低碳示范区、实施减缓和适应气候变化项目的方式为共建国家应对气候变化提供环保技术支持。中国建设生态环保大数据服务平台，提供环境政策、技术、环境状况等信息及环境风险分析支持。中国发起"绿色丝路使者计划"，积极开展面向共建国家的能力建设合作，自2019年以来累计举办30余场"绿色丝路使者计划"活动，累计为共建国家培训技术与管理人员数千名。

专栏：荒漠化防治国际合作有效促进绿色丝绸之路发展
中国科学院新疆生态与地理研究所与非洲毛里塔尼亚、尼日利亚、埃塞俄比亚等国家科研机构联合开展了科学考察，合作研发形成了适宜于极端环境和困难立地生态建设技术，提出了毛里塔尼亚

> 首都圈"两区三带"防沙体系规划方案,构建了埃塞俄比亚低海拔区灌丛化草地修复与可持续发展模式,示范推广面积达 5 万公顷以上,技术惠及当地十余个社区几万余人。中国科学院中亚生态与环境研究中心与哈萨克斯坦等国合作,开发了亚寒带中纬度荒漠草原生态屏障建设技术体系,建成了哈萨克斯坦首都圈生态屏障示范基地。荒漠化防治国际合作实践案例被联合国南南合作办公室收录于"南南合作与南北合作优秀案例"。

中国积极推动与共建国家围绕数字领域展开对接合作,数字经济创新合作有力推动共建国家数字经济赋能工业转型升级。截至 2022 年,中国已与 10 余个国家签署"数字丝绸之路"合作谅解备忘录,与 20 余个国家建立"丝路电商"双边合作机制。中国连续举办 5 届中国—东盟信息港论坛,助力与东盟国家的信息基础设施、技术合作、经贸服务、信息共享、人文交流五大平台建设。中泰双方机构合作打造泰国 5G 智能示范工厂,赋能"5G+"工业应用创新。中国举办东盟国家互联网官员培训班、俄语国家网络空间安全管理与保障研修班、中阿网上丝绸之路研修班等,与共建国家围绕互联网治理开展广泛交流;连续举办多届网上丝绸之路大会,与共建国家政府官员、企业代表和专家学者,围绕数字基础设施、数字新技术新应用、数字经济、大数据、云计算等开展研讨交流。

3.科技支撑互联互通合作成效明显

科技创新合作能有效助力"一带一路"互联互通，实现人享其行、物畅其流。中国与共建国家在高铁、港口管理、互联网服务等方面开展广泛合作，通过技术标准制定、科研项目合作、人才培训和经验交流，有效提升共建国家设施建设的先进性、适用性，为当地人民提供更加安全、高效和可靠的互联互通服务。

中国交通运输部天津水运工程科学研究院与印尼万隆理工大学等合作建设的"中国—印尼港口建设与灾害防治联合研究中心"在印尼当地推广中国先进的建港技术，提升印尼港口产业技术水平。中车青岛四方机车车辆股份有限公司围绕中泰铁路国际合作需求，依托国际合作项目、技术培训班等方式，为泰国培养本土高铁专业技术人才。中国与印尼携手建设雅万高铁，全线采用中国技术、中国标准，为雅万高铁的顺利试验运行提供有力保障。中国携手共建国家深化多层次交通设施国际科技合作，科技与交通融合创新成为"一带一路"互联互通建设的重要推动力。

> **专栏：中泰铁路技术合作为泰国高铁发展注入活力**
>
> 中车青岛四方机车车辆股份有限公司与泰国科学技术研究院、泰国国家科技发展署联合开展基于中国技术和标准的轨道交通装备技术研发、本土适应性研究。围绕高铁材料腐蚀技术、人文环境适应性等方向实施中泰合作项目，发表多篇科研合作论文。初步开发了基于泰国运营环境的动态包络线评估软件和检测系统、车辆动力学仿真自动化平台、远程在线腐蚀监测系统等技术平台，完成了结构疲劳损伤评估模型开发、基于泰国人文特色的高速列车三维模型及色彩选型等技术成果，有力辐射支撑东南亚共建"一带一路"国家轨道交通产业发展。目前中车青岛四方机车车辆股份有限公司已组织资深领域专家对 20 名泰方铁路工程师、高校讲师开展了系统的高速列车技术授课培训，为泰国高铁发展注入强劲活力。

遥感信息的互联互通为中国与共建国家的防灾减灾合作提供支撑。中方机构与共建国家机构共同建设卫星信息服务平台和遥感卫星数据共享服务平台，与玻利维亚、印度尼西亚、纳米比亚、泰国、南非等国家合作建设卫星数据接收站。中国积极参与空间与重大灾害国际宪章机制，为数十个国家的减灾提供卫星遥感数据，新增多颗（座）卫星和星座作为值班卫星和星座，提升国际社会防灾减灾能力。中国同 20 余个国家和国际组织建立"一带一路"地震减灾合作机制,并实施援建尼泊尔、老挝、肯尼亚地震监测台网和面向东盟国家的地震海啸监测预警系统等项目,提升相关国家灾害监测预警能力。中方相关机构通过中国地球观测组织灾害数据应急响应机制,为泰国、印度尼西亚、汤加等多个国家提供灾害数据,积极支持共建国家提升应对灾害的能力。

> **专栏:航空航天遥感影像高精度复合测绘技术应用示范国际合作**
>
> 中国自然资源部国土卫星遥感应用中心联合维也纳大学地球科学、地理与天文学院及老挝内政部国家测绘局、老挝天眼公司,共同开展基于中国测绘卫星、激光雷达、轻小型无人机遥感等新型传感器多源复合测绘技术的研究,开展老挝测绘应用示范。项目开展了老挝万象新城无人机遥感测绘应用示范,完成了适用于老挝的 6 项行业标准草案编制,并开展了技术培训。基于项目合作将老挝万象城区资源三号卫星 2012—2018 年变化监测成果提供给老挝相关大学开展应用研究,为老挝阿速坡省某水电站特大溃坝事故和万象南部山林火灾提供应急监测服务,支撑了老挝救援监测工作,并受到老挝科技部技术创新司、老挝内政部国家测绘局的肯定和感谢。

此外,互联网服务建设也极大助力中国与共建国家的互联互通。中国企业积极推动落实中非合作论坛"八大行动""九项工程"

项下数字创新工程等重点科技合作项目。利用中非创新合作与发展论坛、中非创新合作中心等平台,深化相关领域技术合作。中国企业支持南非建成非洲首个5G商用网络和5G实验室。中国企业还帮助非洲建设了一半以上无线站点及高速移动宽带网络,服务超过9亿非洲人民。

(四)开放创新生态加快构建

开放是人类文明进步的重要动力,开放创新环境的构建为共建创新丝绸之路提供重要支撑。中国积极深化与共建国家的创新政策沟通,广泛凝聚国际科技合作共识,推动构建有利于各国共同发展的开放创新生态。

1. 发展愿景对接促进创新理念相通

政策沟通是"一带一路"建设的重要保障。中国积极履行国际责任,与有关国家和国际组织充分沟通协调,深化同各方创新发展规划和科技政策的对接,形成了以科技创新促进全球共同发展的政策合力。创新丝绸之路有效对接了联合国2030年可持续发展议程及《东盟共同体愿景2025》、非盟《2063年议程》等,达成促进科技资源互联互通、共同提升创新能力、促进创新成果共享共用的广泛共识。

首届中国—中亚峰会签署《中国—中亚峰会西安宣言》，提出加强"一带一路"倡议同中亚五国发展战略对接，深化各领域务实合作。《中非领导人对话会联合声明》提出将继续促进中非高质量共建"一带一路"合作同非洲各国发展战略紧密对接。第 26 次中国—东盟（10+1）领导人会议通过《共同推进实施中国—东盟科技创新提升计划的联合倡议》，指出在科技人文交流、创新平台建设、技术转移等方面深化合作，促进包容性与创新驱动型增长。中国—拉美和加勒比国家科技创新论坛通过《2022 年中拉科技创新论坛联合声明》，提出继续通过更加深入、广泛、包容的科技创新合作，携手应对全球挑战。中国国家发展改革委与联合国开发计划署等合作成立"一带一路"创新发展中心，共同推动政策讨论，为"一带一路"各利益相关方提供培训服务和智力支持。

2. 推动技术规则标准合作

规则标准是促进互联互通的桥梁和纽带。中国携手各国积极推进知识产权、标准规范、计量检测、认证认可等领域合作，共同建立良好的知识产权生态体系，促进共建国家知识产权制度完善，加快营造有利于开放创新和可持续发展的政策环境，推动创新丝绸之路建设沿着高质量发展方向前进。

共建"一带一路"国家在知识产权领域保持紧密合作符合各国共同利益。10年来,超过100个共建国家在中国申请专利,中方相关机构在共建国家的专利申请持续活跃,中国与共建国家知识产权合作实现双向加强。中国大力推动知识产权保护合作,营造尊重知识价值的创新环境;建立国家海外知识产权纠纷应对指导中心海外分中心,完善海外知识产权纠纷应对服务网络;建立中国国际知识产权仲裁委员会,完善国际科技合作中知识产权多元化纠纷解决机制。

中国高度重视标准化对创新丝绸之路建设的基础支撑作用,倡导共建各方加强技术标准体系对接,不断拓展标准化领域双多边合作。中国制定《标准联通"一带一路"行动计划》,致力于推动共建国家的标准化建设和技术创新。例如,在数字电视领域,目前中国标准已成为国际电信联盟通用标准,被全球10余个国家采用,覆盖近20亿人口,清晰、稳定的电视信号持续为当地居民提供高质量服务。

中国与共建"一带一路"国家的计量合作,有效提升了共建国家的计量技术发展水平。中方有关机构通过战略咨询、设备捐赠、人员培训、技术服务等多种方式,加强对共建"一带一路"

国家和发展中国家的计量援助和知识传播,帮助发展中国家提升计量能力。中方有关机构协助柬埔寨建成电能和质量两个计量实验室,完善湄公河国家的计量法规和技术规范体系,支持缅甸加入亚太计量规划组织,促进了共建国家的经济贸易发展。此外,中方有关机构还开展了对澜湄地区及周边国家、中亚、非洲的计量援助,进一步提升了共建国家的计量体系和能力建设,在国际上取得良好反响。

3. 创新合作环境建设不断完善

创新创业环境的不断优化对于共建国家经济、社会、科技发展具有重要的推动作用。中国始终携手各国共同打造面向"一带一路"的开放创新合作环境,围绕产业链供应链布局等合作领域,促进创新支持资金持续投入,共建"一带一路"开创了合作共赢的新模式。

保险业在推动科技创新发展、助力科技企业攻关克难、保障科技企业创新自强等方面起到了至关重要的作用。中国累计解决高科技企业向共建"一带一路"国家出口短期险项赔付案3000多个,赔付金额达数亿美元,为中国高科技企业拓展"一带一路"市场提供有效保障。中国支持共建国家网络、电信等设施建设,有力推动科技成果造福共建国家和人民。中国的开放姿态和务实举措为与共建国家共同构建创新合作良好环境提供了有力支撑。

创新创业有利于激发青年人才创新活力、释放人才创新潜力，推动科技成果、金融资本、人才团队、信息数据等创新要素双向交流。中国与共建国家持续深化创新创业合作，为共建"一带一路"国家和地区创造更多需求，培育合作新增长点，助力共建国家创新资源共享、创新优势互补，带动经济社会发展。中国与共建国家以创新创业大赛为抓手，营造创新氛围，创新丝绸之路成为各国青年创新创业和赋能合作的重要平台。中国—东盟创新创业大赛深入推动中国与东盟国家间科技创新交流合作，提升了中国—东盟区域创新能力。中非青年创新创业大赛为中非青年国际交往和创新创业搭建平台，促进中非青年创新创业合作交流，激发青年人才创新思维。中国—中东欧国家青年创新创业大赛推动中国与中东欧国家青年科技人才之间的交流与合作，带动中东欧青年人才提升综合能力，助力中东欧国家高质量发展。

二、发展启示

共建创新丝绸之路始终坚持共商共建共享原则、开放绿色廉洁理念、高标准惠民生可持续目标,携手各国探索远亲近邻共同发展的新办法,积极拥抱新一轮科技革命和产业变革带来的机遇,持续开拓造福各国、惠及世界的"幸福路",形成了一系列富有启示意义的成功经验和创新实践。

(一)坚持共商共建共享原则是行稳致远的根本遵循

1. 以平等互利为基础找到合作交汇点

创新丝绸之路的建设过程中,始终倡导相互尊重、平等参与、充分协商、团结合作,以平等自愿为基础,通过对话沟通实现理念认同、凝聚合作共识。创新丝绸之路面向所有伙伴开放,跨越了不同国家地域、不同发展阶段、不同语言文化。建设创新丝绸之路,不是中方一方的主张,而是共建国家人民共同的期盼。创新丝绸之路每延伸到一个地方,都认真听取当地人民的呼声和愿望，从人民群众丰富的实践经验中汲取智慧和力量。实践出真知，只有始终秉持平等互利的原则，才能让各国人民发自内心聚集在一起。

2. 持续探索多种多样的创新合作方式

创新丝绸之路的建设过程中，合作各方充分尊重彼此的核心利益和所选发展道路，以创新合作支持各方发展振兴、实现和平稳定。"一带一路"科技创新行动计划为持续拓展"一带一路"创新合作提供了方向指引，从人文交流到人员互访，从学术研讨到科普交流，从培训实习到研修访学，从联合研究到技术示范，从共建平台到园区合作，从企业对接到青年创业，从设施共享到生态构建，中方不断与合作伙伴探索创新合作新模式，形成深化合作、共同发展、共享未来的着力点。创新丝绸之路不仅重视效率，也为构建人类命运共同体贡献科技智慧和创新力量，为共建国家的发展注入了强劲的动能。

3. 积极推动科技创新成果的共享共用

创新丝绸之路的建设过程中，十分注重各方发展需求和重点关切，始终致力于将创新成果惠泽人民。面对发展中国家可能遇到的技术障碍，中方支持共建国家建立完善技术交易市场，持续将先进适用技术用于支持广大发展中国家,积极推动将自身科技进步带来的创新成果在共建国家转移转化。在大科学设施建设中,中方向合作伙伴捐赠了托卡马克反应堆;在农业科技扶助中,中方携手合作伙伴共同培育优良品种、示范推广高产栽培技术;在抗击新冠疫情中,中方毫无保留同各方分享防控和救治经验、提供医疗救援物资。中方秉承"天下一家"理念,让丝绸之路上各国人民都能收获创新合作带来的福利。

(二)坚持开放绿色廉洁理念是务实惠民的坚实保障

1. 强化科技发展规划和创新政策对接

发展战略的对接和政策对话沟通,是共建创新丝绸之路的重要保障,是携手开展科技创新合作的重要先导。中国与有关国家和国际组织充分沟通协调,充分考虑各国特点,照顾彼此利益诉求,形成了共建"一带一路"的广泛国际合作共识。中国与共建国家的科技创新合作,始终与联合国推动落实2030年可持续发展议程相辅相成,与《东盟共同体愿景2025》、非盟《2063年议程》等在创新驱动、共同发展等方面不谋而合、紧密衔接。创新丝绸之路十分注重创新合作对各方的实际效果,有序、务实、高效推动各领域合作,始终朝着互利共赢、共同繁荣的方向稳定前行。

2. 实施有利于创新要素流动的便利化举措

创新丝绸之路的建设过程中，始终遵循科技创新规律和经济、社会发展规律。促进创新要素自由流动，是创新丝绸之路建设的优先方向。合作各方在尊重相关国家主权和安全关切的基础上，充分考虑各国资源禀赋、发展水平，共同制定、共同商讨创新规则和制度标准，共同实施有利于创新要素自由流动的便利化举措。积极通过中非合作论坛等开展国际交流合作，努力推动取消各种创新合作壁垒，知识、技术、信息、数据、资金、人员等创新要素跨国流动成本大大降低，极大提高了创新资源要素市场化配置的效率，实现了互利合作、共赢发展。

3. 营造适合各国广泛参与的开放创新生态

中方始终践行开放合作理念，注重优化完善开放合作政策，持续营造开放创新生态。中方通过共商科技创新的规则、制度和标准，不断探索共建国家广泛参与的科技治理模式。创新丝绸之路主动扩展双多边科技创新合作机制，扩大了有共同利益的合作领域，愿同广大发展中国家在内的世界各国一起增进世界科技开放与合作。共建国家也十分注重增进彼此对科技政策、研发需求和制度法规的了解，相互借鉴和分享科技管理规则和创新范式，为创新丝绸之路建设提供了更好的政策环境和创新生态，带动共建国家合作机制更加完善、合作交流更加活跃、合作成果更有实效。

（三）坚持高标准惠民生可持续目标是高质量发展的共同愿景

1. 坚持高标准建设，推动科技同经济的深度融合

创新丝绸之路着眼于以创新支撑人类命运共同体建设，为推动共建国家经济、社会高质量发展作出不可磨灭的贡献。中国高标准开展与共建"一带一路"国家的技术合作，积极推动科技创新同经济、社会发展深度融合，针对不同国家和地区的发展需求，提高科技合作成果的实用性。中国工程科技助力破解共建国家基础设施建设技术难题，中国农业技术助力突破共建国家经济作物量产瓶颈，中国信息技术助力共建国家数字经济发展和贸易效率提升，中国计量标准助力共建国家提升质量基础设施的建设能力。促进共建国家经济社会高质量发展成为高标准合作的量尺，不断引领科技创新合作向着更高效、更务实的方向发展。

2. 秉持惠民生理念，满足各国人民美好生活需要

坚持以人民为中心的发展思想，增进各国民生福祉、促进各国人民能力提升、朝着共同富裕方向稳步前进，是创新丝绸之路建设的出发点和落脚点。创新丝绸之路的建设与发展是为了各国人民，也是共建"一带一路"的根本初心和使命，更是各国人民的期待所在和认同所在。创新丝绸之路的发展，有助于共建国家获得更高水平科技创新成果和创新服务，有助于改善共建国家的民生需求，有助于带动共建国家经济社会发展水平和质量的提升。

3. 重视可持续发展，充分发挥合作伙伴互补优势

创新丝绸之路的建设过程中，始终从共建国家的迫切需求出发，从人类社会的共同挑战出发，以科技合作赋能共建国家可持续发展，不断在先进制造、现代农业、生物多样性保护、气候变化、防灾减灾等领域取得合作实效和发展突破。创新丝绸之路建设致力于推动开放包容、务实有效的多方合作，不仅促进了中方与合作伙伴的共同发展，还推动其他共建国家间的优势互补、合作共赢，共同实现全球可持续发展。

三、发展展望

当前，新一轮科技革命和产业变革深入发展，科技创新是人类共同应对风险挑战、促进和平和发展的重要力量。人类要破解共同发展难题，比以往任何时候都更需要国际合作和开放共享。各国人民求和平、谋发展、促合作的愿望更加强烈，构建人类命运共同体是世界各国人民前途所在。中国国家主席习近平在第三届"一带一路"国际合作高峰论坛期间宣布中国支持高质量共建"一带一路"的八项行动，明确提出"推动科技创新，继续实施'一带一路'科技创新行动计划"。中方将坚定奉行互利共赢的开放战略，坚定推进高质量共建创新丝绸之路，持续深化同各方在各领域的创新合作，积极维护全球创新链产业链供应链稳定顺畅，大力推动科学技术更好造福各国人民，为全球经济复苏和可持续发展注入更加强劲的创新动力。

（一）巩固和深化团结、平等、均衡、普惠的创新发展伙伴关系

1. 凝聚促进发展国际共识，推动全球科技创新协作

习近平主席在第三届"一带一路"国际合作高峰论坛开幕式中提出，只有合作共赢才能办成事、办好事、办大事。创新丝绸之路的建设要始终坚持共商共建共享原则，着眼全球共同发展的长远目标和现实需要，凝聚促进发展的国际共识，推动世界各国共同发展进步。中方呼吁国际社会应更加重视创新与发展的关系，更加重视高层交往和战略沟通，加强高质量共建"一带一路"同各国创新发展战略和地区合作倡议对接。中方将继续支持联合国在全球创新合作中发挥统筹协调作用，积极拓展同国际和地区科学组织交往，鼓励科学界、工商界、社会团体、媒体智库共同构建更为紧密的科技合作伙伴关系网络。中方将加大力度实施"一带一路"科技创新行动计划，加快启动实施可持续发展技术、创新创业、空间信息科技、科技减贫等"一带一路"专项合作计划，打造更多创新合作增长点。

2. 推动科技创新成果更多更公平惠及各国人民

当今世界，发展科学技术必须具有全球视野，紧扣人类生产

生活提出的新要求。中方高度重视科技创新，未来将以更加开放的态度加强国际科技交流，积极创制更多国际科技合作公共产品，面向全球搭建科技创新交流合作平台，积极推动科技成果转化，加强创新成果共享。共建"一带一路"国家人民过上好日子，是我们矢志以求的共同目标。中方将继续倡导各国秉持互惠互利、开放包容的合作观，推动构建均衡、有效、可持续的创新合作共同体。中方愿携手各国共同探索多种多样的科技创新合作新模式，在平等、互利、合作、共赢的基础上，加强知识分享与成果共享，共同提升科技创新能力，为世界科技进步与发展贡献力量。

3. 包容互利共聚全球创新合力，共促发展繁荣

从长远看，人类发展面临着许多共同的挑战，环境、能源、健康等诸多问题根本上需要依靠全球创新力量共同发力。只有坚持同舟共济、团结合作，才能汇聚全球创新发展合力，赢得人类共同进步。天下大同、协和万邦是中华民族自古以来对人类社会的美好憧憬，中方长期秉持人类命运共同体理念，始终以促进全人类共同繁荣为己任，努力让更多科技创新成果造福全人类。中方愿继续同共建"一带一路"国家一道，坚持弘扬全人类共同价值，共同做科技进步的推动者、全球发展的贡献者、国际秩序的

维护者，以创新合作为人类发展开疆拓土，共同促进人类社会和谐繁荣、美美与共。

（二）共同培育更加强劲、绿色、健康的全球创新发展新动能

1. 深挖创新增长潜力，推动创新全球化协同发展

当前，全球经济增长动能减弱，经济前景有所回落，全球产业链供应链受到冲击，世界经济复苏面临各种险阻，全球发展事业面临巨大挑战。创新是实现全球经济复苏和创新发展的重要力量，中方倡导国际社会高度重视全球发展问题，推动构建全球发展伙伴关系，实现更加强劲、绿色、健康的全球发展。中方愿同各方一道，共享深化国际合作机遇，激发各方创新潜能与活力，坚定支持和帮助广大发展中国家加快发展，共同培育全球创新发展新动能。中方也将一如既往地坚持真正的多边主义，维护以联合国为核心的多边体制机制，积极参与全球创新治理，重振全球创新发展伙伴关系。

2. 以科技创新催生新发展动能，推动现代产业发展

伴随新一轮科技革命和产业变革深入发展，信息技术、生物

技术、制造技术方兴未艾。科技创新是全球发展的动力之源，为促进各国经济增长提供保障，带给各国的机遇也将更加广阔。中方愿携手各国顺应科技革命和产业变革历史大势，加大科技创新和制度创新力度，加快技术转移和知识分享。中方愿向合作伙伴分享知识技术、提供技术援助，支持各方加速培育新经济、新业态、新商业模式，持续推动科技成果转化。中方倡议加强标准化和计量领域交流与合作，形成具有广泛共识的新兴技术治理框架和标准规范，携手构建维护全球质量基础设施体系，不断提升新兴产业和技术的安全性、可靠性、可控性、公平性，为促进经济发展和工业化转型升级提供强有力支撑。

3. 携手加快数字经济发展和绿色转型

数字经济、绿色转型是促进全球发展的重要因素。中方愿与各国加速数字化绿色化协同发展，推进能源资源、产业结构、消费结构转型升级，推动数字、绿色的创新发展。中方期待同各方携手抓住数字经济发展新机遇，努力缩小南北国家间数字鸿沟；开展数字技术人才培训，加快提高全民数字素养和技能；加快利用数字技术工具等创新包容的解决方案，推动数字时代互联互通，促进各国经济数字化转型，为各国发展注入数字创新动力。中方将持续关注发展中国家绿色发展需求，积极推进清洁能源伙伴关系，加强与各国在清洁能源、低碳技术领域的合作，助力各方产业结构转型升级，切实保障它们的绿色发展空间。

（三）携手打造更加开放、公平、公正、非歧视的科技创新发展环境

1. 完善创新规则和制度环境，促进国际创新政策协调

中方将继续推动各国各方共享制度型开放机遇，在充分参与、凝聚共识的基础上制定规则，稳步扩大规则、规制、管理、标准等制度型开放。中方愿持续推动创新丝绸之路建设与各国创新发展战略和地区合作倡议对接，齐心协力完善全球创新治理体系，持续深化知识产权合作，加强知识产权保护制度交流互鉴，携手打造开放、公平、公正、非歧视的科技创新发展环境。中方倡议取消各类对国际科技合作和产业合作的限制，共同营造有利于科技创新发展的国际氛围，构建更加公正合理的全球治理制度体系。中方支持增加新兴市场国家和发展中国家代表性和发言权，确保各国权利平等、规则平等、机会平等，携手推动国际科技合作秩序朝着更加公正合理的方向发展。

2. 促进资源要素有序流动，汇聚全球健康发展合力

中方将加快建设强大国内市场，增强国内国际两个市场两种创新资源联动效应，以中国新发展为世界提供新机遇，促进各类要素合理流动和高效集聚。各方也要敞开胸怀，协力拆除一切阻碍生产力发展的藩篱，消除贸易、投资、技术壁垒；促进知识、技术、资金、人才自由流动，大力维护产业链供应链稳定顺畅，加快推动世界经济复苏，引导推动全球化健康发展。中方将持续深化同共建国家在教育、科技、人文等领域的合作，继续办好国际杰青计划、"一带一路"创新人才交流外国专家项目、创新中国行等品牌活动，用好"一带一路"联合实验室、中国科学院海外科教合作中心等平台，加快建设"一带一路"科技创新合作区、"一带一路"国际技术转移中心等国内平台，支持 ANSO 等民间机构发挥应有作用。

3. 践行可持续发展理念，落实可持续发展议程

中方将继续发挥负责任大国作用，同国际社会一道，进一步加大对全球发展合作的资源投入，重振联合国 2030 年可持续发展议程。中方倡议共建可持续产业交流合作机制，为落实联合国 2030 年可持续发展议程提供产业对接和项目合作平台，为如期实现联合国 2030 年可持续发展目标、推动构建人类命运共同体作出新贡献。中方愿同各国一道，以创新促进全球减贫、消除饥饿、医疗保健、公平教育、气候变化、清洁水和环境保护等领域合作。中方欢迎各方参与可持续发展技术、科技减贫、创新创业、空间信息科技等"一带一路"专项合作计划，携手构建一个合作共赢、相互成就的全球发展共同体。

在这个充满希望与挑战的时代，协同创新、合作创新、开放创新已成为不可阻挡的潮流。过去 10 年，沿着创新丝绸之路，一个发展理念相通、要素流动畅通、科技设施联通、创新链条融通、人员交流顺通的创新共同体正从美好愿景变为现实。面向未来，中方愿继续秉持创新驱动，传播创新理念、激励创新精神，持续推进与共建"一带一路"国家的创新合作，推动共建"一带一路"高质量发展不断取得新成效。中方也愿与各方一道践行真正的多边主义，以更加开放的思维和举措推进国际科技交流合作，凝聚更多开放创新共识，共同增进人类共同福祉、共同促进人类和平与发展，让创新为全球发展带来新的光明前程，携手谱写创新丝绸之路建设新篇章！

大事记

2013 年

9月7日，中国国家主席习近平在哈萨克斯坦纳扎尔巴耶夫大学发表题为《弘扬人民友谊 共创美好未来》的重要演讲，倡议用创新的合作模式，共建"丝绸之路经济带"。

10月3日，中国国家主席习近平在印度尼西亚国会发表题为《携手建设中国—东盟命运共同体》的重要演讲，首次提出"21世纪海上丝绸之路"。

2014 年

9月11日，中国国家主席习近平出席中俄蒙三国元首会晤时提出，将"丝绸之路经济带"同"欧亚经济联盟"、蒙古国"草原之路"倡议对接，打造中蒙俄经济走廊。

9月17日，由中国科技部、国家民委、质检总局、共青团中央联合发起的新丝绸之路创新品牌行活动周暨新疆创新品牌推进会正式启动。

2015年

2月1日，首次推进"一带一路"建设工作会议在北京召开。

3月28日，博鳌亚洲论坛2015年年会开幕。中国国家主席习近平出席开幕式并发表主旨演讲，强调亚洲要迈向命运共同体、开创亚洲新未来，必须在世界前进的步伐中前进、在世界发展的潮流中发展。我们要通过迈向亚洲命运共同体，推动建设人类命运共同体。

3月28日，中国国家发展改革委、外交部、商务部联合发布《推动共建丝绸之路经济带和21世纪海上丝绸之路的愿景与行动》。文件提出加强科技合作，共建联合实验室（研究中心）、国际技术转移中心、海上合作中心，促进科技人员交流，合作开展重大科技攻关，共同提升科技创新能力。

10月22日，推进"一带一路"建设工作领导小组办公室发布《标准联通"一带一路"行动计划（2015—2017）》，提出积极推动中国标准"走出去"。

2016 年

年初，中国科学院启动实施《中国科学院"一带一路"国际科技合作行动计划》。

8月11日，中国教育部发布《推进共建"一带一路"教育行动》，提出"创新人才培养模式""联合开展人才培养、科技创新和成果转化"。

8月17日，中共中央总书记、国家主席、中央军委主席习近平出席推进"一带一路"建设工作座谈会并在讲话中强调，聚焦构建互利合作网络、新型合作模式、多元合作平台，让"一带一路"建设造福共建国家人民。

9月8日，中国科技部、国家发展改革委、外交部、商务部联合发布《推进"一带一路"建设科技创新合作专项规划》，提出充分发挥科技创新的支撑和引领作用，建设"一带一路"创新共同体。

11月17日，联合国193个会员国协商一致通过决议，欢迎共建"一带一路"倡议，呼吁国际社会为"一带一路"建设提供安全保障环境。这是"一带一路"倡议首次写入联合国大会决议，体现了国际社会对共建"一带一路"倡议的普遍支持。

2017 年

3月17日，联合国安理会通过第 2344 号决议，呼吁国际社会通过"一带一路"建设加强区域经济合作，并首次载入"构建人类命运共同体"理念。

5月8日，中国环境保护部、外交部、国家发展改革委、商务部联合发布《关于推进绿色"一带一路"建设的指导意见》，提出加强生态环保标准与科技创新合作，加强绿色、先进、适用技术在"一带一路"发展中国家转移转化等。

5月14日至15日，首届"一带一路"国际合作高峰论坛在北京举行。中国国家主席习近平出席开幕式并发表主旨演讲，强调要将"一带一路"建成创新之路，同时宣布启动"一带一路"科技创新行动计划。

5月，中国农业部、国家发展改革委、商务部和外交部发布《共同推进"一带一路"建设农业合作的愿景与行动》，提出"强化农业科技交流合作""在'一带一路'沿线共建国际联合实验室、技术试验示范基地和科技示范园区"。

6月19日，中国国家发展改革委和国家海洋局联合发布《"一带一路"建设海上合作设想》，提出创新合作模式，搭建合作平台，共建智慧创新之路。

2018 年

1月22日，中拉论坛第二届部长级会议在智利圣地亚哥召开，其间发布《关于"一带一路"倡议的特别声明》，为中国同有关国家开展互利合作提供新的理念，注入新的活力，搭建新的平台。

5月28日，中国科学院第十九次院士大会、中国工程院第十四次院士大会开幕，中共中央总书记、国家主席、中央军委主席习近平出席会议并发表重要讲话。讲话中提出，要坚持以全球视野谋划和推动科技创新，全方位加强国际科技创新合作，积极融入全球科技创新网络。要把"一带一路"建成创新之路，合作建设面向沿线国家的科技创新联盟和科技创新基地，为各国共同发展创造机遇和平台。

6月13日，联合国总部举行"一带一路"倡议与2030年可持续发展议程高级别研讨会。与会者认为，"一带一路"倡议有助于实现减贫、消除饥饿、卫生、就业、环境等可持续发展目标，有助于促进多边主义和经济全球化，是推动国际发展合作的重要平台。

7月10日，中国－阿拉伯国家合作论坛第八届部长级会议在北京举行,其间发布《中国和阿拉伯国家合作共建"一带一路"行动宣言》,提出推进科技创新合作和中阿科技伙伴关系。

8月27日,中共中央总书记、国家主席、中央军委主席习近平出席推进"一带一路"建设工作5周年座谈会并在讲话中强调,"一带一路"建设要从谋篇布局的"大写意"转入精耕细作的"工笔画"。

8月29日,在2018年"一带一路"知识产权圆桌会议期间,中国与多个共建"一带一路"国家联合发布《关于进一步推进"一带一路"国家知识产权务实合作的联合声明》。

9月3日至4日,中非合作论坛北京峰会在北京举行。峰会期间通过《中非合作论坛—北京行动计划(2019—2021年)》,提出中国将增强与非洲的科技和创新能力合作。

11月4日,"一带一路"国际科技组织联盟成立大会暨第二届"一带一路"科技创新国际研讨会在北京召开,中国国家主席习近平向大会致贺信。习近平主席指出,共建"一带一路"受到了国际社会广泛欢迎。与相关国家开展科技合作是共建"一带一路"的重要内容,在改善民生、促进发展、应对共同挑战等方面发挥着积极作用。希望各国科学家携手并肩,共同努力,发挥好

"一带一路"国际科技组织联盟的平台作用，加强科技创新政策和发展战略对接，开展重大科技合作，培养创新创业人才，提升科技创新能力，为促进民心相通和经济社会可持续发展，为推动建设绿色之路、创新之路，为推动构建人类命运共同体作出重要贡献。

2019 年

4 月 22 日，推进"一带一路"建设工作领导小组办公室发布《共建"一带一路"倡议：进展、贡献与展望》报告，阐明了科技创新合作是"一带一路"创新之路建设的核心内容，"一带一路"创新之路建设也将为国际科技创新合作提供广阔空间。

4 月 25 日至 27 日，第二届"一带一路"国际合作高峰论坛在北京举行。中国国家主席习近平在开幕式上发表主旨演讲，提出建设创新丝绸之路，强调继续实施共建"一带一路"科技创新行动计划，积极实施创新人才交流项目。

4 月 25 日，第二届"一带一路"国际合作高峰论坛"创新之路"分论坛在北京举行。分论坛以"携手创新，共创未来"为主题，由中国科技部主办，中国科学院、中国工程院和中国科学技术协会协办。来自 33 个国家、地区和国际组织的近 150 名中外代表参会。会上，中国科技部与相关各方共同发起《"创新之路"合作倡议》。

2020 年

6 月 15 日至 16 日，联合国全球契约组织 2020 年领导人峰会在线上举行。峰会期间发布《在"一带一路"国家构建可持续的、可抵御风险的医疗健康和公共卫生基础设施，加速实现联合国可持续发展目标》白皮书。

6 月 18 日，"一带一路"国际合作高级别视频会议在线上举行。会议发表《"一带一路"国际合作高级别视频会议联合声明》，声明称愿同其他"一带一路"合作伙伴继续落实第二届高峰论坛共识，推进创新和技术等领域的双边、三边和多边合作。

2021 年

4 月 9 日，中国国家发展改革委、联合国开发计划署（UNDP）和国家开发银行联合成立"一带一路"创新发展中心。该中心旨在增进"一带一路"建设各利益相关方的相互理解，分享最佳实践，推动务实合作。

9月6日，全球首个以大数据服务联合国《2030年可持续发展议程》的国际科研机构"可持续发展大数据国际研究中心"（SDG中心）在北京落户，为解决全球重大可持续发展问题提供基础理论、技术方法、决策支持和智库服务支撑。

11月19日，中共中央总书记、国家主席、中央军委主席习近平出席第三次"一带一路"建设座谈会并在讲话中强调，"要稳步拓展合作新领域""稳妥开展健康、绿色、数字、创新等新领域合作""要实施好科技创新行动计划""打造开放、公平、公正、非歧视的科技发展环境"。

11月22日，中国—东盟建立对话关系30周年纪念峰会举行，中国国家主席习近平以视频方式出席并在讲话中指出，中方将启动科技创新提升计划，向东盟提供1000项先进适用技术，未来5年支持300名东盟青年科学家来华交流。

11月29日，中国国家主席习近平在北京以视频方式出席中非合作论坛第八届部长级会议开幕式并发表题为《同舟共济，继往开来，携手构建新时代中非命运共同体》的主旨演讲。习近平主席指出，作为《中非合作2035年愿景》首个三年规划，中国将同非洲国家密切配合，共同实施"九项工程"。其中数字创新工程方面，提出支持建设中非联合实验室、伙伴研究所、科技创新合作基地。

12月14日，中国—东盟科技创新部长特别会议以视频形式举办，会议通过并发表《中国—东盟建设面向未来更加紧密的科技创新伙伴关系行动计划（2021—2025）》，双方将在科技政策、联合研发、技术转移、人才培养等方面进一步加强交流与合作。

2022年

1月14日，世界经济论坛发布《促进"一带一路"倡议绿色发展：发挥金融和技术的作用，推动低碳基础设施建设》报告。报告认为"一带一路"倡议提供了一种新的发展模式，可以在新兴及发展中经济体实现经济增长与碳排放脱钩方面发挥引领作用。

5月18日至19日，中国贸促会成立70周年庆祝大会暨全球贸易投资促进峰会在北京举行。中国国家主席习近平在视频致辞中建议，深化创新交流合作，推动科技同经济深度融合，加强创新成果共享，努力打破制约知识、技术、人才等创新要素流动的壁垒。

12月9日，首届中国—阿拉伯国家峰会、中国—海湾阿拉伯国家合作委员会峰会在沙特首都利雅得举行。中国国家主席习近平出席峰会并发表主旨讲话，提出在支持发展、粮食安全、卫生健康、绿色创新、能源安全、文明对话、青年成才、安全稳定等8个领域推进"八大共同行动"，其中包括同阿方在生命健康、人工智能、绿色低碳、信息通信、空间信息等领域共建一批联合实验室或研发合作中心，向阿方提供300项先进适用技术，邀请阿方100名青年科学家来华开展科研交流。

2023年

4月25日，中国—东盟公共卫生科技合作中心成立大会在北京举行。该中心是中国科技部在2022年6月中国—东盟科技创新联委会第11次会议上提出的重要工作，旨在构建覆盖东盟各国的合作网络，守护区域公共卫生安全。

5月19日，首届中国—中亚峰会在西安举行，中国国家主席习近平出席并在主旨讲话中强调，欢迎中亚国家参与可持续发展技术、创新创业、空间信息科技等"一带一路"专项合作计划，同时指出中方将制定中国同中亚国家科技减贫专项合作计划，实施"中国—中亚技术技能提升计划"。

8月24日，中国国家主席习近平和南非总统拉马福萨共同主持中非领导人对话会。习近平主席发表题为《携手推进现代化事业 共创中非美好未来》的主旨讲话。会议通过并发表《中非领导人对话会联合声明》。中方还发布了《支持非洲工业化倡议》《中国助力非洲农业现代化计划》《中非人才培养合作计划》。

9月6日，第26次中国—东盟（10+1）领导人会议在印度尼西亚雅加达召开，会议通过《共同推进实施中国—东盟科技创新提升计划的联合倡议》，提出以科技创新合作提升区域发展新动能，促进区域共同可持续发展。

10月18日，国家主席习近平出席第三届"一带一路"国际合作高峰论坛并发表主旨演讲，宣布中国支持高质量共建"一带一路"八项行动，强调中方将推动科技创新，继续实施"一带一路"科技创新行动计划，举办首届"一带一路"科技交流大会，未来5年把同各方共建的联合实验室扩大到100家，支持各国青年科学家来华短期工作。